AF313484

EDICT DV ROY,

PORTANT AVGMENTATION

de droicts aux Commissaires des Tailles,
Greffiers & Maistres Clercs des Rolles
desdites Tailles des Paroisses ; Greffiers,
Maistres Clercs, Gardes des petits Seaux,
Greffiers des Affirmations, Commissaires anciens & alternatifs des Viures, Auec
le Reglement pour l'imposition desdits
droicts.

Verifié en la Cour des Aydes le 19. Mars 1633.

A PARIS,
Par P. METTAYER, A. ESTIENE,
& C. PREVOST, Imprimeurs
ordinaires du Roy.
M. DCXXXIII.
Auec Priuilege de sa Majesté.

(3)

LOVIS par la grace de Dieu Roy de France & de Nauarre, A tous presens & à venir , Salut. Sur ce qui nous auroit esté representé , que par les Edicts de creation des premiers & seconds Commissaires des Tailles. Arrests & Reglemens de nostre Conseil sur ce interuenus, la iouïssance des droicts attribuez aux Commissaires des Tailles auroit esté reglée & ordonnée tant sur le principal de nos Tailles, Taillon & Creuës des Garnisons, que sur les droicts alienez sur icelle, frais d'assiete, & generalement sur tout le conteuu aux rolles desdites Tailles, Mesmes que par Arrest de nostre Conseil du vingt-vnième Feurier mil six cens trente, auroit esté ordonné , que lesdits Commissaires des Tailles iouïroient de leursdits droicts, sur ceux qui estoient lors nouuellement alienez, mentionnez par ledit Arrest , en payant pour ladite iouïssance, & par forme de supplément, les sommes ausquelles ils auroient esté pour ce taxez en nostredit Conseil. Laquelle iouïssance nous

A ij

auons pareillement attribuée par nos Lettres de Declaration du dixhuictiéme Ianuier mil six cens trente-vn, verifiées en nos Cours des Aydes de Paris, Rouen & Clermont-Ferrád, aux Proprietaires des Offices des Greffiers anciens, alternatifs, triennaux & leurs Maistres Clercs, Gardes du petit Seel, leurs Maistres Clercs & doublement d'iceux, Greffiers des Affirmations, & Commissaires anciens, alternatifs des Viures de nos Elections, en payant par eux volontairement la finance à laquelle ils auroiét pour ce esté taxèz en nostredit Cóseil, Et à leur refus, permis à toutes personnes d'acquerir ladite augmentatió de droicts pour en iouïr hereditairement, leurs vefues, heritiers & ayans cause. Et depuis ayans esté cótraints pour subuenir à la necessité de nos affaires, creer & aliener sur nos Tailles, d'autres nouueaux Offices & droits: Sçauoir quatre deniers aux Cómissaires triénaux des Viures, Deux deniers d'augmentation aux Commissaires anciens & alternatifs desdits Viures, Trois deniers aux Controlleurs particuliers des Tailles, sur ce qui leur a esté attribué de nouueau par Edict du mois de Feurier mil six cens trente-vn, Huict deniers aux Controlleurs du regalement des Tailles, Deux deniers pour le parisis du Gar-

le des petits Seaux, doublement d'iceux &
leurs Maiſtres Clercs, Douze deniers aux
Officiers des Elections, Et douze deniers au
Commiſſaire triennal des Tailles que nous
auons depuis ſupprimé, Et attribué leſdits
douze deniers, ſçauoir aux Controlleurs des
Cõmiſſaires des Tailles, quatre deniers : auſdits Controlleurs du regalement, quatre deniers d'augmentation : aux Receueurs des
droicts alienez, deux deniers : aux Greffiers
des Bureaux des Finãces, demy denier : à leurs
Controlleurs, demy denier : & aux Control.
leurs des Greffiers des Elections, vn denier.
Svr leſquels droicts il ne ſeroit raiſonnable
que les Proprietaires deſdits Commiſſaires
des Tailles & ceux denommez en ladite Declaration du dixhuictiéme Ianuier mil ſix cés
tréte-vn, ayent iouy de leurs droicts, & qu'ils
en iouiſſent cy apres, ſans pour ce nous payer
aucune finance. Cõme auſſi nous ayant eſté
repreſenté que par noſtre Edict du mois de
Ianuier mil ſix cens vingt-neuf, nous aurions
creé trois Greffiers & trois Maiſtres Clercs
des Rolles de noſdites Tailles au reſſort de
noſdites Cours des Aydes, qui ne doiuét pré-
dre le droict de douze deniers pour liure à
eux attribué, que ſur le principal de noſdites
Tailles, Taillõ & Creuës, ſans les prendre &

leuer ſur les droicts de leurs compagnons, &
ſur tout le contenu aux Rolles, ainſi que tous
les autres Officiers deſdites Electiós: Et que
ceſte diſtinction & difference deſdits droicts,
apporte de la confuſion & difficulté en la có-
fection & departemens de nos Tailles & im-
poſitiós deſdits droicts. Et ne pouuát pour-
uoir & remedier à ce deſordre, qu'en rendát
tous leſdits droicts égaux & vniformes, & les
faiſant tous leuer & impoſer égalemét & ſur
vn meſme pied: Et outre voulant gratifier
& fauorablement traiter tous les ſuſdits Proprietaires & Acquereurs, les déchargeans de
la reſtitutió de ce qu'ils pourroient auoir indeuëment pris tant ſur les droicts alienez depuis l'année mil ſix cens trente-vn, qu'autrement,& ce en cóſideration des grandes ſommes de deniers dont ils nous ont cy deuát ſe-
courus en la neceſſité de nos affaires, & de
celle que nous eſperons preſentement rece-
uoir d'eux: Novs auons de l'Aduis de noſtre
Conſeil, où eſtoient aucuns Princes & Officiers de noſtre Couronne, & autres Grands
& notables perſonnages, & de noſtre pleine
puiſſance & authorité Royale, Dit, ſtatué &
ordonné, diſons, ſtatuons & ordonnons par
ces preſentes, ſignées de noſtre main, Voulons & nous plaiſt,

I.

Que les Acquereurs & Proprietaires defdits premiers & feconds Commiffaires des
Tailles, & de l'augmentation de droits attribuez par ladite Declaration du dix-huictiéme Ianuier mil fix cens trente-vn, aux offices
des Greffiers & Maiftres Clercs anciens, alternatifs & triénaux, Garde des petits Seaux,
leurs Maiftres Clercs & doublemēt d'iceux,
Greffiers d'Affirmations & Cōmiffaires anciens, alternatifs des Viures des Elections de
nofdites Cours des Aydes de Paris, Roüen &
Clermont-Ferrand, iouïffent, eux, leurs vefues, heritiers & ayans caufe, hereditairement
& à toufiours, des droicts à eux attribuez par
lefdits Edicts, Declarations, Arrefts & Reglemens de noftredit Confeil. En la iouïffance & perception defquels droicts nous les a-
uons maintenus & confirmez. ET en outre
leur auons attribué & attribuons par ces pre-
fentes, pareille iouïffance fur tous les droicts
qui ont efté alienez depuis ledit premier Iāuier mil fix cens trente vn, iufques à prefent,
& fur tous ceux que nous alienerōs cy-apres.
Cōme auffi nous auons attribué & attribuōs
aux trois Greffiers & Maiftres Clercs des Rolles des Tailles creez par noftredit Edict du
mois de Ianuier mil fix cens vingt-neuf, la

iouïſãce des droicts attribuez à leurſdits Offices, ſur les droicts de leurs cõpagnons d'offices, & ſur tous les autres droicts alienez ſur nos Tailles, taxations, frais d'aſſiete, & generalement ſur tout le contenu aux Rolles des Tailles ordinaires des Paroiſſes des Elections de leur eſtabliſſement, fors & excepté ſur leurs droicts: Et ce outre & par deſſus la iouïſſance de leurſdits droicts, ſur les ſõmes principales à eux attribuez par ledit Edict de leur creation, Et tout ainſi & en la meſme forme que les premiers & ſeconds Commiſſaires des Tailles, & autres Officiers dénommez en ladite Declaration du dix-huictiéme Ianuier mil ſix cens trente vn, en iouïſſent & doiuét iouïr tant par vertu deſdits Edicts, Declarations, Arreſts & Reglemẽs, que des preſentes.

I I.

Vovlons que tous les ſuſdits droicts ſoiét employez dans les Commiſſions de nos Tailles, à commencer en l'annee prochaine, auec les anciens droicts deſdits Officiers, & qu'ils ſoient impoſez & leuez ſur toutes noſdites Tailles, Taillon, creües ordinaires & extraordinaires, Solde du Preuoſt des Mareſchaux, tãt pour nous que pour les affaires des particuliers des Villes & Communautez, droicts alienez, taxation, frais d'aſſiete, & genera-

neralement sur tout le contenu aux Rolles
& departement des Tailles: Sans qu'aduenát
diminution ou décharge d'icelles, suppreſſió
ou rembourſement de droiɗs, ſur leſquels
nous attribuons par ces preſentes la iouiſſance & augmétatió aux Proprietaires de leurſ
dits droiɗs, ils puiſſent eſtre pour raiſon de
ce, ny pour quelque cauſe & occaſion que ce
ſoit, retranchez ny diminuez.

III.

ENIOIGNONS aux Preſidens & Treſoriers
de Fráce des Generalitez qu'il appartiendra,
de faire impoſer ladite augmétatió de droits,
& aux Eleus de chacune Election d'en faire
ladite impoſition diſtinɗe & ſeparée d'auec
les anciens droiɗs attribuez au dits Proprietaires, encore qu'il ne leur ſoit mádé par leſdits Treſoriers de France, à peine de ſuſpen-
ſion de leurs charges & ſaiſie de leurs gages
& droiɗs, Pour eſtre tous leſdits droiɗs receus par les ReceueursCollecteurs des droits
alienez ſur noſdites Tailles, & par eux payez
aux Acquereurs d'iceux aux termes accou-
ſtumez, à peine d'y eſtre contraints par les
voyes portées par l'Ediɗ de leur creation Et
ſans que leſdits Receueurs ſoient tenus d'en
cópter e n nos Chábres des Comptes ny ail-
leurs, nó plus que des autres deniers de leurs

B

cire verte ſur lacs de ſoye rouge & verte. Por-
tant attribution au premier & ſecond Commiſſaires des Tailles, aux Acquereurs de l'augmentation cy deuant accordées aux Offices
de Greffiers & Maiſtres Clercs, Gardes des
petits Seaux, Greffiers des Affirmations, &
Cōmiſſaires des Viures des Electiōs, la iouïſſance de leurs droicts, ſur tous les droicts alienez depuis le premier Iāuier mil ſix cens trē-
te-vn, & qui ſeront alienez cy-apres, Meſmes
aux trois Greffiers & Maiſtres Clercs des Rolles des Tailles, la iouïſſance des droicts attribuez à leurs Offices, ſur les droicts de leurs
cōpagnōs d'Office, & ſur tous autres droicts
alienez ſur les Tailles: le tout ſuiuant & conformément aux Reglemés & charges au lōg
ſpecifiées auſdites Lettres adreſſantes à ladite Cour pour la verification d'icelles. Cōclu-
ſions du Procureur General du Roy, Et tout
conſideré: La Covr a ordonné & ordonne, que leſdites Lettres en forme d'Edict ſeront regiſtrées au Greffe d'icelle, pour eſtre
executees ſelon leur forme & teneur, A la
charge toutesfois que les Proprietaires des
Offices & Acquereurs des droicts, ne pourront eſtre depoſſedez, ny empeſchez en la
iouïſſance de leurs droicts, qu'au prealable ils
n'ayent eſté actuellemēt rembourſez de la fi-

droicts, que sur ceux qui onr esté alienez au-
parauant ledit premier Ianuier mil six cens
trente vn , Et lesdits Greffiers & Maistres
Clercs des Rolles, que sur les sommes principales, suiuant ledit Edict de leur creation.

I V.

PERMETTONS à toutes personnes au refus
desdits Proprietaires, d'acquerir ladite augmentation de droicts sur ceux qui ont esté a-
lienez depuis ledit premier Ianuier mil six
cens trente-vn , ensemble ladite augmentation attribuée par ces presentes aux Greffiers
& Maistres Clercs des Rolles des Tailles.
Auec faculté aux Acquereurs de ladite augmentation de droicts attribuez par cesdites
presentes ausdits premiers & seconds Commissaires des Tailles , Greffiers & Maistres
Clercs des Rolles, & autres Proprietaires de
ladite augmétation de droicts attribuez ausdits Offices dénommez en ladite Declaratió
du dix-huictiéme Ianuier mil six cens tréte-
vn, de rembourser si bon leur semble les Proprietaires desdits Offices de premiers & seconds Commissaires des Tailles, Greffiers &
Maistres Clercs des Rolles, Greffiers & Maistres Clercs anciens, alternatifs & triennaux,
Greffiers des Affirmatiós, Gardes & Maistres
Clercs des petits Sceaux, doublemét d'iceux,

Et des Commiſſaires des Viures ancien & al-
ternatif, Et Acquereurs de ladite augmentation de droicts portez par ladite Declaration,
de la finance par eux actuellement payee en
nos coffres, ſuiuant la verification & liquida-
tion qui en ſera faicte par les Cōmiſſaires qui
ſeront par nous deputez. Pour iouïr par leſdits nouueaux Acquereurs, leurs veſues, heritiers & ayans cauſe hereditairement de ladite augmentation de droicts, en vertu des
Contracts d'adiudicatiōs qui leur serōt faits
par leſdits Commiſſaires, ſoit par vn ou pluſieurs Contracts en chacune Election, ainſi
que leſdits Commiſſaires le iugerōt plus ad-
uātageux pour le bien de nos affaires, les for-
mee en tel cas requiſes, gardees & obſeruees.
Leſquels Cōtracts leſdits Acquereurs ne ſeront tenus faire regiſtrer aux Bureaux des Finances, ains ſeulement aux Greffes deſdites
Elections. Pour leſquels enregiſtrement leſdits Eleus prendront pour leurs droicts, qua-
rente ſols pour Cōtract; noſtre Procureur dix
ſols, & le Greffier dix ſols. Sans qu'ils puiſſent
pretendre ny exiger deſdits Acquereurs autre plus grande ſomme, à peine de cōcuſſion.

V.

DEFENDONS aux Proprietaires deſdits
Offices & Acquereurs de l'augmentation de

droicts attribué par ladite Declaration du mois de Ianuier mil six cens trente-vn, qui n'auront payé lesdites taxes, de troubler ny inquieter les Acquereurs de ladite nouuelle augmentation de droicts sur ceux qui ont esté alienez depuis ledit premier Ianuier mil six cens trente-vn, & ceux desdits Greffiers & Maistres Clercs des Rolles, que sur lesdites sommes principales, suiuant l'Edict de leur creation.

VI.

Vovlons que les deniers desdites adiudications soient payez dans le temps qui sera prefix par lesdits Commissaires, par les Acquereurs de ladite augmétation és mains du Tresorier des Parties Casuelles qui en expediera les quittáces, sur lesquelles lesdits Cótracts d'adiudications serót expediez ausdits Acquereurs, que nous auons à cette fin validez & approuuez, validons & approuuós par ces presentes, tout ainsi que s'ils auoient esté faits & passez en nostre Conseil. Pour en vertu d'iceux estre lesdits Adiudicataires mis en possessió desdits droicts, et en iouïr, eux, leurs successeurs & ayans cause hereditairement, comme de leur chose, propre, vray & loyal acquest, sans que durant dix annees consecutiues qui commenceront au premier iour de

Iáuier prochain, les Proprietaires defdits Offices & autres qui auront acquis en leur lieu
ladite augmétation de droicts, puiſſent eſtre
depoſſedez tãt de leurs anciés droits qu'augmentation d'iceux par vente ny autrement,
ny que durãt ledit temps il leur ſoit fait nouuelle taxe ſur leſdits droicts, ſoit par ſupplément de leur ancienne finance, que de celle
qu'ils payeront preſentement, dont nous les
auons dechargez & dechargeons, ny meſmes
eſtre depoſſedez apres leſdites dix années,
qu'en leur rembourſant comptant & en vn
ſeul payement, de la finance qu'ils auront
payée pour l'acquiſition deſdits anciens
droicts & augmentation d'iceux, & de leurs
frais & loyaux couſts.

VII.

ET attendu que la plus grande partie des
droicts attribuez auſdits Offices ſont poſſe-
dez par pluſieurs & differẽtes perſonnes, leſ-
quelles en iouyſſent encores que ce ſoit vn
ſeul & meſme droict, les vns ſur les ſommes
principales, les autres ſur les droicts alienez
auant le premier iour de Ianuier mil ſix cens
trente vn, & les autres ſur les droicts alienez
depuis ledit iour; ce qui pourroit faire naiſtre
entr'eux pluſieurs differends ſur la perceptiõ
de ce qui en appartient à vn chacun, les vns

en voulant iouïr fur vn pied plus fort qu'il n'eft raifonnable, au detriment des autres: Pour à quoy remedier, NOVS ENIOI-GNONS aux Eleus du reffort defdites Cours, d'impofer lefdits droiêts diftinêtement & feparément les vns d'auec les autres, en forte qu'ils impofent premierement tous lefdits droiêts alienez fur les fommes principales, en fuite defquels ils impoferont pour le port & enuoy des mandemês, port des Rolles, droiêt de Commiffion, droiêt de Seau de Controlle de bordereau & de quittance & autres alie-nez par Paroiffe.

VIII.

DE tous lefquels droiêts il en fera fait deux fommes feulement, l'vne de tous les droiêts alienez auant ledit premier Ianuier mil fix cens trente-vn, Sur le pied de laquelle (di-ftraêtiõ faite au prealable fur icelle du droiêt de chaque Proprietaire impofé fur lefdites fommes principales, pour ne luy donner la iouïffance defdits droiêts fur fon droiêt mef-me) feront impofez diftinêtement & feparé-ment les droiêts attribuez aufdits Offices: Et l'autre fomme fera compofée de tous les droiêts alienez depuis ledit premier iour de Ianuier mil fix cens trente-vn, cy deffus fpe-cifiez, & de ceux qui le feront cy apres, fur le

pied de laquelle seront imposez pareillemẽt
les droicts attribuez aux susdits Offices, suiuant lesquelles impositions, chacun desdits
Proprietaires iouïra des droicts à eux appar-
tenans. Laquelle forme d'imposition nous
voulons estre gardée & obseruée à l'aduenir
par les Eleus, sans y contreuenir, à peine d'en
respondre en leurs propres & priuez noms.

SI DONNONS EN MANDEMENT à nos
amez & feaux Conseillers les gens tenans nostre Cour des Aydes à Paris, Presidens Tresoriers de France & Generaux de nos Finances des Generalitez qu'il appartiendra, que
les presentes ils facent lire, publier & regi-
strer, garder & obseruer, & du contenu en
icelles iouïr paisiblement & hereditairemét
les Acquereurs de ladite augmentation des
droicts & leurs ayás cause, sans souffrir qu'ils
y soient troublez ou empeschez en quelque
sorte que ce soit, nonobstant oppositions ou
appellations quelconques, desquelles si au-
cunes interuiennent, nous auons reserué la
cognoissance à nous & à nostredit Conseil,
& icelle interdite à toutes nos Cours & Iu-
ges, nonobstant aussi les Edicts, Ordonnan-
ces & choses à ce cõtraires, ausquelles & aux
dérogatoires nous auons derogé & derogeõs
par ces presentes: CAR tel est nostre plaisir.

Et

Et afin que ce soit chose ferme & stable à
tousiours, nous y auons fait mettre & appo-
ser nostre seel , sauf en autre chose nostre
droict & l'autruy en toutes. DONNE à Paris
au mois d'Aoust, l'an de grace mil six cens
trente-deux. Et de nostre regne le vingtrois-
iéme. Signé, LOVIS. Et plus bas, Par le
Roy, DELOMENIE. Et à costé, VISA Et seel-
lé du grand seau de cire verte en lacs de soye
rouge & verte.

Registré en la Cour des Aydes, ouy le Procureur
General du Roy , pour estre executé selon sa forme
& teneur , suiuant & aux charges portées par
l'Arrest ce iourd'huy donné les Chambres assem-
blées. A Paris en ladite Cour le dix-neufiéme
Mars mil six cens trente-trois.
    Signé,   *BOVCHER.*

EXTRAICT DES REGISTRES
de la Cour des Aydes.

VEV par la Cour, les Chambres assé-
blées, les Lettres Patentes du Roy
en forme d'Edict, données à Paris
au mois d'Aoust mil six cens trente-
deux, signées, Louis Et plus bas. Par le Roy,
Delomenie. Et à costé, Visa. Et seellées de

C

charges. Le tout en payant volontairement par tous les ſuſdits Proprietaires & Acque-reurs, par forme de ſupplément & augmétation de finance, és mains du Treſorier de nos Parties Caſuelles, dans vn mois du iour de la ſignificatiõ qui leur ſera faite à leurs perſonnes ou domiciles, ou aux Greffiers deſdites Eleſtions, les ſommes auſquelles ils ſeront pour ce taxez en noſtredit Conſeil, enſemble les deux ſols pour liure qui leur tiendrõt lieu de finance. Moyennant lequel payemét tous leſdits Proprietaires demeurerõt déchargez de la reſtitution de ce qu'ilspourroient auoir, indeuement pris & leué tãt ſur leſdits droiſts alienez depuis ledit premier Ianuier mil ſix cens trente-vn, cy-deſſus ſpecifiez, qu'autrement, ſans toutefois qu'ils puiſſent eſtre con-trains au payement deſdites taxes. Et au re-fus par leſdits Proprietaires & Acquereurs de payer leſdites taxes dãs ledit temps & iceluy paſſé, ils en demeureront décheus & ſeront contraints comme pour nos propres deniers & affaires, à la reſtitutiõ des droiſts dõt ils ont ioüy ſurles droiſts alienez depuis ledit premier Ianuier mil ſix cens trente vn, cy-deſſus ſpecifiez, & autres qu'ils pourroient auoir indeuément pris. Et ne pourrout prétédre autre iouiſſance à l'aduenir de leurſdits

nance par eux payée és coffres du Roy; & que
ceux qui ont receu des droicts en vertu des
Edicts & Lettres bien & deüement verifiées
en ladite Cour pour lesquelles ils ont payé &
financé és coffres de sa Majesté, ne pourront
estre recherchez ny contraints à la restitutió
d'iceux, Et que les procés & differéds qui in-
teruiédront en executió dudit Edict, seront
traitez & terminez en premiere instance par-
deuant les Eleus, & par appel en ladite Cour.
Faict à Paris en ladite Cour des Aydes, le
dix-neufiéme Mars mil six cens trente-trois.

Signé,   Boucher.

EXTRAICT DES REGI-
stres du Conseil d'Estat.

Le Roy pour faciliter à l'execution
de son Edict du mois d'Aoust dernier, pour la perception des droicts
des premiers & seconds Commissai-
res des Tailles, Greffiers & Maistres Clercs,
Greffiers des Affirmations, Gardes des petits
Seaux & doublement d'iceux, & Commissaires des Viures des Elections de ce Royaume, sur les droicts alienez depuis le premier

C ij

Ianuier mil six cens trente-vn, & qui s'alieneront cy apres, & pour iouyr par les Greffiers & Maistres Clercs des Rolles des Tailles de leursdits droicts, comme tous les suf-
dits Proprietaires, mesmes sur tous les droicts
alienez, frais d'assiete, & generalement sur
tout le contenu aux Rolles desdites Tailles:
SA MAIESTE EN ION CONSEIL, A
ordonné & ordonne aux Tresoriers de France & Eleus des Generalitez & Elections de
ce Royaume, de proceder à l'imposition de
ladite augmentation de droicts par departemens & assietes separées, tant pour la presen-
te annee que les suiuantes, pour estre les deniers receus par les Receueurs Collecteurs
des droicts alienez en chacune Election, &
par eux payez aux proprietaires & Acquereurs de ladite augmentation de droicts, ou
aux porteurs des quittances des Parties Casuelles, suiuant ledit Edict, & conformément
aux Commissions de sa Majesté de l'année
derniere, de proceder à l'imposition desdits
droicts qui auront esté obmis à imposer és années mil six cens trente-vn, & 632. à peine d'é
respondre en leurs propres & priuez noms,
pour en estre les deniers pareillement receus
par les Receueurs Collecteurs, & payez aufdits Proprietaires ou Acquereurs, ou por-

teurs defdites quittances Ordonne en outre
fa Majefté, que les taxes faites fur lefdits Proprietaires en confequence dudit Edict, pour
iouyr de ladite augmentation de droicts, feront fignifiées aux perfonnes ou domiciles
defdits Proprietaires, ou aux Greffes defdites Elections, pour eftre lefdites taxes payées
par lefdits Proprietaires vn mois apres ladite
fignification : Autrement & le temps paffé,
ils en demeureront décheus, & ne pourront
pretendre aucune iouyffance fur les droicts
alienez depuis ledit premier iour de Ianuier
mil fix cens trente-vn, mefmes lefdits Greffiers des Rolles, que fur les fommes principales, fuiuant l'Edict de leur creation & Cõ-
miffions de fa Majefté, Et feront contraints
comme pour deniers Royaux, à la reftitutiõ
de tout ce qui fe trouuera auoir efté par eux
indeuëment pris; ainfi qu'il eft porté par ledit Edict. Pour l'execution duquel & du prefent Arrefts, feront tous autres Arrefts &
Commiffions neceffaires expediées. FAIT
au Confeil d'Eftat du Roy, tenu à Paris le
dix-neufiéme iour d'Auril mil fix cens trente-trois.

Signé,   DE BORDEAVX.

COMMISSION.

LOVIS par la grace de Dieu Roy de France & de Nauarre, A noſtre Huiſſier ou Sergent premier ſur ce requis. Nous te mandons & commandons que l'Arreſt dont l'extraict eſt cy attaché ſoubs le contre ſeel de noſtre Chancellerie, ce iourd'huy donné en noſtre Côſeil d'Eſtat, en execution de noſtre Edict du mois d'Aouſt dernier, pour la perception des droicts des premiers & ſeconds Commiſſaires des Tailles, Greffiers & maiſtres Clercs, Greffiers des Affirmations & Gardes des petits Seaux, & doublement d'iceux, & Commiſſaires des Viures des Elections de ce Royaume, ſur les droits alienez depuis le premier Ianuier mil ſix cens trente-vn, & qui s'alieneront cy-apres, & pour iouïr par les Greffiers & Maiſtres Clercs des Rolles des Tailles de leurs droicts comme tous les Proprietaires des ſuſdits Offices, Meſmes ſur tous les droicts alienez, frais d'aſſiete, & generalémét ſur tout le contenu aux Rolles des Tailles, Tu ſignifies auec le Rolle des taxes faites en conſequence dudit Edict, pout iouïr de ladite augmentation de droicts, aux perſon-

nes ou domiciles des Proprietaires defdits
Offices & droicts', ou aux Greffes des Ele-
ctiõs,à ce qu'ils n'en pretédent cauſe d'igno-
rance , & ayent à payer leſdites taxes vn mois
apres ladite ſignification; leur declarant que
ledit temps paſſé ils en demeurerõt décheus,
& ne pourront pretendre aucune ioüiſſance
ſur les droicts alienez depuis le premier iour
de Ianuier mil ſix cens trête. vn, meſmes leſdits Greffiers des Rolles, que ſur les ſommes
principales , ſuiuant l'Edict de leur creation
& nos Commiſſions, Et ce faiſant, tu les con-
traindras par les voyes ordinaires & accou-
ſtumées pour nos deniers & affaires, de reſti-
tuer tout ce qui ſe trouuera auoireſté par eux
indeüement pris, conformément à noſtredit
Edict : DE ce faire, enſemble tous comman-
demens , ſommations , defenſes & autres a-
ctes & exploicts neceſſaires pour l'execution
dudit Arreſt & des preſentes, te dõnons pou-
uoir, ſans que tu ſois tenu de demander autre
permiſſion, Nonobſtant Clameur de Harro,
Chartre Normande , priſe à partie & Lettres
à ce contraires. Et ſera adiouſté foy aux co-
pies dudit Arreſt & des preſentes collation-
nées par l'vn de nos amez & feaux Conſeil-
lers & Secretaires , ainſi qu'aux originaux,
CAR tel eſt noſtre plaiſir. DONNE' à Pa-

ris le dix-neufiéme iour d'Auril, l'an de grace mil fix cens trente-trois , & de noftre regne le vingt-troifiéme : & plus bas eft écrit,
Par le Roy en fon Confeil, Signé, D E B O R-
D E A V X, & fellé du grand Seau de cire iaune.

Collationné aux originaux par moy Confeiller
Secretaire du Roy & de fes Finances.